Elie FAURE

De la cinéplastique

1922

Copyright © 2021 Elie Faure (domaine public)

Édition : BoD – Books on Demand, 12/14 rond-point des Champs-Élysées, 75008 Paris.

Impression : BoD - Books on Demand, Norderstedt, Allemagne.

ISBN : 9782322269891

Dépôt légal : juin 2021

Tous droits réservés

Ce livre a été produit et maquetté par Reedsy.com

" De la cinéplastique "

I

Je passe, dans mon milieu, pour haïr le théâtre. À ce propos on dénonce même, chez moi, un stigmate religieux, une protestation obscure de l'atavisme confessionnel contre le goût trop répandu d'un spectacle dit immoral. Peut-être y a-t-il un peu de ça. En tout cas, si je m'interroge, je ne consens à voir dans cet aspect de ma « haine » pour le théâtre qu'un point de départ lointain. Toutes nos opinions ont une origine sentimentale que nous tenons en général de l'éducation directe, ou d'une réaction contre elle, et à qui nous nous arrêtons si nous n'apprenons pas à penser. Au contraire, l'entraînement à la méditation nous conduit, un jour ou l'autre, ou bien à modifier radicalement notre sentiment primitif, ou bien – et le cas, il me semble, est de beaucoup le plus fréquent – à chercher et à trouver, par l'analyse, sa justification. C'est un moyen de maintenir intact l'orgueil intime qui constitue notre squelette spirituel et définit notre personne.

C'est ainsi que j'ai pu parvenir à une explication pour moi très acceptable – de ma « haine » pour le théâtre. Je ne l'aime pas, il est vrai, au point de ne jamais manquer une pièce nouvelle et d'y revenir sept fois. Je l'aime à la façon dont j'aime, si vous le voulez bien, la peinture, façon particulière, qui ne comporte pas pour moi l'obligation de visiter tous les salons, toutes les expositions, d'être de tous les vernissages, et d'y avaler de la poussière et des sottises tous les soirs de quatre à six. Cela peut signifier, doit signifier que je n'aime pas la peinture. Cependant j'aime Véronèse, Rembrandt, Goya, Cézanne, quelques autres. Et si je pousse le mépris pour la littérature jusqu'à ne pas songer à m'abonner à l'une de ces bibliothèques qui vous servent, à votre tour, tous les romans parus dans la semaine, j'aime Montaigne, Pascal, Baudelaire, Stendhal. Ainsi, après vous avoir avoué que j'ai effectivement la « haine » du théâtre, je vous confesserai que j'aime Racine, que j'adore Molière et Shakespeare, et qu'il me semble que les tragiques grecs ont réalisé, à leur heure, quelque chose de bien grand.

L'amour du théâtre pour le théâtre a conduit notre génération à une déformation intellectuelle et sentimentale singulière. Elle y puise une sorte d'excitation factice, très analogue à celle que procure la morphine, ou l'alcool, ou le tabac, un besoin impérieux, irrésistible, douloureux presque, d'y revenir à des intervalles rapprochés et de décerner presque constamment l'épithète de chef-d'œuvre à la drogue qu'on leur y sert, parce qu'en effet elle leur procure, par le coup de fouet qu'elle donne, le courage d'attendre deux, ou trois, ou six jours, pour exiger d'une drogue analogue, prise à doses de plus en plus fortes, un nouveau et toujours plus nécessaire coup de fouet. Il me paraît certain que l'unanimité morbide de l'amour du théâtre annonce, en même temps que la décomposition d'une société, la décomposition du théâtre. Notez que je constate et ne récrimine point. Tous les arts meurent de la généralisation du goût qui entraîne vers eux, de la généralisation des talents qui leur permettent d'entretenir, d'affiner, et en fin de compte de banaliser ce goût. La peinture et le roman en d'autres temps, et demain sans doute. Le théâtre aujourd'hui. Le fait qu'il existe trente ou quarante auteurs dramatiques jouissant d'une réputation mondiale, d'une gloire littéraire digne de tous les honneurs officiels, le fait que l'acteur ait pris, de nos jours, l'importance fabuleuse et, suivant le point de vue, comique ou effrayante que l'on sait, est typique. Rousseau, qui était un fort grand artiste, mais choisissait toujours des prétextes moraux pour reconstruire sa foi, n'avait déjà, il y a plus de cent cinquante ans, que trop raison de considérer le théâtre comme un organe de dissolution *morale*. S'apercevrait-il, de nos jours où le théâtre a centuplé d'importance sans qu'augmentât le génie des hommes de théâtre, si les talents de théâtre se multiplient jusqu'à l'écœurement, s'apercevrait-il que la dissolution *sociale* annoncée par le théâtre actuel prend un caractère autrement général, autrement important et j'ajouterai autrement consolant pour nos lendemains immédiats, que celui qu'il reprochait au théâtre de toujours ? Tout grand spectacle collectif, conservé dans l'unité et la majesté de sa puissance – le drame grec par exemple – imprime à un peuple entier, une discipline esthétique qui, du temps de Rousseau, grâce au précédent âge classique, gardait encore quelque élan, mais que Voltaire détruisait. Le XIXe siècle, par son immense production, a achevé le théâtre et s'y est montré, malgré les apparences, aussi inapte qu'à l'art collectif – ou, si vous le voulez, social – par excellence, je veux dire l'architecture. Je demande qu'on me cite, en France, une pièce – je dis une – qui, depuis la mort de Racine, puisse être considérée comme un chef-d'œuvre de théâtre, c'est-à-dire comme une architecture dramatique collective, faite pour élever une foule entière à la hauteur d'une conception unanime, fortement construite et stylisée, de la destinée et du monde.

II

Vous le voyez. En fin de compte, ma « haine » du théâtre me conduit à cette constatation que vous n'attendiez guère : je le regarde, en son principe, comme l'un des arts les plus hauts, sinon le plus haut qui soit. Il a, dans ce principe, le grand caractère du grand art, une sorte d'impersonnalité, la nudité farouche d'une construction faite pour être vue par tous, par tous à la fois, et où tous puissent retrouver, résumé, abrégé par son passage dans l'esprit, le sens monumental qu'ils reconnaissent ou que leurs pères reconnaissaient à leur religion par exemple, quelque chose qui les définisse à eux-mêmes, qui soit comme un pont majestueux jeté entre leurs sentiments, leurs passions, leur éducation et leurs mœurs d'une part, et d'autre part le besoin d'éternité et d'absolu qu'ils voudraient y atteindre. Comique ou tragique, n'importe. Eschyle, Aristophane, Shakespeare et Molière sont frères. À la base, un grand sentiment pessimiste du monde qui se manifeste, par un retour victorieux de la volonté sur elle-même, en rire triomphal ou en fière confrontation avec la cruauté des dieux.

Aussi loin que nous remontions, et chez tous les peuples de la terre, il a fallu à tous les peuples de la terre, et de tout temps, un spectacle collectif qui pût réunir toutes les classes, tous les âges, et généralement les sexes, dans une communion unanime exaltant la puissance rythmique qui définit, en chacun d'eux, l'ordre moral. Un spectacle collectif quelconque, qui n'a pas forcément, et qui a même rarement tout à fait les mêmes caractères, mais qui a ceci de commun partout que tous y assistent côte à côte, dans un endroit désigné, bâti ou non bâti, couvert ou découvert, en cercles ou en demi-cercles étagés pour que tous puissent voir de leur place, quels que soient leur rang social ou leur fortune, ce qui est déjà un point sur lequel le théâtre d'aujourd'hui me semble avoir dégénéré. Ce spectacle a presque toujours et presque partout revêtu un caractère plastique, même chez les Juifs, le peuple le moins plastique de la terre, qui avaient leurs danses sacrées et dont le plus prestigieux souvenir est celui de leur premier roi dansant devant leur premier symbole mystique, et sauf peut-être chez les Allemands où la musique symphonique remplace par l'audition en commun la vision en commun nécessaire à tous les groupements d'hommes. Nous retrouvons la danse chez tous les peuples d'Orient, les Mésopotamiens, les Égyptiens, les Khmers, les Arabes, où le conte au milieu d'un cercle d'auditeurs prend le caractère national, presque sacré, d'une habitude invincible qui engendre d'interminables cycles de légendes toujours ramenées, pour la communion par le rire ou les larmes, dans le même cercle où mime, psalmodie et chante le même conteur depuis mille ans. Voici les jeux du stade et surtout le drame sacré chez les Hellènes où la musique, la danse, le déroulement psychologique de la tragédie passionnelle aboutissent, en fin de compte, à des formes grandies, stylisées, masquées, immuables, évoluant sur la scène pour réaliser un équilibre d'un moment entre l'orgie sensuelle et la discipline de l'esprit. Voici, chez le peuple le plus positif et le moins rêveur de la terre, les courses de char, les batailles rangées, les luttes au centre d'un cirque de pierre où tiennent quatre-vingt mille spectateurs. Voici le mystère chanté et figuré, qui s'encadre entre les gestes rituels d'une procession et d'une messe, dans la cathédrale des Chrétiens où la voix du plain-chant, les nervures de pierre, les colorations du vitrail enveloppent les acteurs et les spectateurs d'une atmosphère commune, et surnaturelle, qui donne aux échanges mystiques un caractère absolu. Voici le théâtre unitaire et le ballet réglé des renaissants et des classiques, qui dégénère si vite avec l'analyse des philosophes et l'individualisme dans l'action jusqu'à perdre toute signification collective et se noyer dans la frénésie érotique et bestiale des jeux de bastringues et de salons.

Le style dramatique est perdu. L'individu seul y patauge, ce qui est la négation même de l'art que cet individu, aussi doué, aussi génial qu'il soit, prétend être le seul à représenter. Le drame est devenu un moyen d'enrichir l'auteur, servilement attaché à découvrir et à flatter les dernières impulsions sentimentales, les dernières modes hebdomadaires d'un public qu'aucun grand sentiment unanime ne soulève plus, un moyen de pousser l'acteur, pour qui la pièce est écrite et qu'il subordonne aux intérêts communs des manies de ses spectateurs et de son propre succès. Même intéressant et personnel, l'acteur efface ses comparses, la pièce n'existe plus que pour accuser violemment, en laissant tout le reste dans une ombre d'ailleurs louche, les tics, les jeux de scène, les qualités comiques ou dramatiques qui lui sont propres et qui réduisent l'œuvre au rôle d'un de ces concertos qui déshonorent la musique pour permettre à certains éphèbes à longs cheveux gras d'exécuter sur le piano ou sur le violon des exercices acrobatiques au cours desquels, crispé d'angoisse, on a envie de crier : « Assez ! » Il y a, de l'acteur à l'auteur, de l'acteur au public, les charmantes relations qui nouent l'élu à son comité électoral, l'élu à l'électeur. Aussi le théâtre et la politique constituent-ils un spectacle très analogue et couru, avec la Cour d'assises, par les mêmes amateurs. L'art dramatique tout entier [1] s'est réfugié dans le Clown et le Pitre, seuls survivants de l'épopée plastique du théâtre – isolés ainsi et rendus presque effrayants pour cela – parce que le clown et le pitre imaginent, composent, agissent leur rôle qui se suffit à lui-même, faisant un tout, comme un tableau, une sonate, un poème où il n'y a pas d'intermédiaire entre le public et eux et où ils imposent au public leur force de conception propre et leur faculté propre de création.

---

[1] La tentative de Copeau n'est qu'un phénomène d'exception qui confirme la règle et éclaire, par contraste, d'une lumière plus cruelle, la dégénérescence du théâtre.

III

Or, le style dramatique étant perdu, c'est le moment qu'a choisi le théâtre pour essayer d'accaparer un art, ou du moins un instrument d'art absolument nouveau, insoupçonné même il y a vingt ans, et si riche en ressources qu'il peut, après avoir transformé le spectacle, agir sur la transformation esthétique et sociale de l'homme même avec une puissance que je crois, pour ma part, supérieure aux plus extravagantes prédictions [1]. Et telle, à mon avis, que je n'hésite pas à y voir le noyau du spectacle commun que réclame l'homme, parfaitement susceptible de prendre un caractère grave, splendide, émouvant, religieux même, au sens universel et majestueux de ce mot. Tout autant que la musique, qui a commencé par quelque corde tendue entre deux bâtons, qu'un pauvre diable, noir ou jaune, peut-être aveugle, raclait d'un doigt sur un rythme égal et monotone. Tout autant que la danse, qui a commencé par quelques sauts d'un pied sur l'autre d'une petite fille autour de qui d'autres enfants battaient des mains. Tout autant que le théâtre, qui a commencé par le récit mimé de quelque aventure de guerre ou de chasse au milieu d'un cercle d'auditeurs. Tout autant que l'architecture, qui a commencé par l'aménagement d'une grotte devant laquelle, après avoir allumé un feu, on tendait une peau d'aurochs. Tout autant que la fresque, les statues et les perspectives du temple, qui ont commencé par une silhouette de cheval ou de cerf creusée au silex dans quelques bout d'os ou d'ivoire.

---

[1] Depuis qu'a été écrit cet essai, la production cinégraphique mondiale ne semble pas s'être améliorée. Le Cinéma, blessé grièvement par le roman à épisodes, tourne au plus vil mélodrame. Je continue à croire en lui, mais il est, comme les autres arts, une victime de l'anarchie politique et sociale où se débat le monde entier. Est-il destiné, dans une société renouvelée, comme je voudrais le croire encore, à devenir l'art de la foule, le centre de communion puissant où des formes symphoniques nouvelles naîtront dans le tumulte des passions utilisées en vue de fins esthétiques capables d'élever le cœur ? Est-il destiné, si les moeurs nées des sociétés démocratiques persistent, à se spécialiser comme les autres formes d'art, à fournir à l'appétit de la foule des insanités sentimentales à livrer aux seuls initiés des harmonies hermétiques ? Je ne le souhaite pas. Comme les autres, il a besoin, pour se régénérer – et même, dans son cas particulier, puisqu'il est au début de sa carrière, pour atteindre sa première phase réellement esthétique – de se baigner profondément dans les besoins des multitudes en proie à quelque vivante illusion.

Le besoin, le désir de l'homme sont plus forts que ses habitudes, heureusement. Le cinéma, considéré comme une succursale du théâtre, l'ânerie sentimentale gesticulée par des messieurs à menton bleu et à jambes cagneuses, grimés en nautoniers napolitains ou en pêcheurs d'Islande, par des dames trop mûres pour être vraiment ingénues, qui, les yeux au ciel et les mains jointes, appellent la bénédiction du ciel et la protection de la foule sur l'orpheline persécutée par le mauvais riche, par de pauvres enfants que souffle la sottise infâme du drame, alors que le drame prétend attirer la réprobation du public sur le uhlan qui les brutalise, disparaîtra. Il n'est pas possible qu'il ne disparaisse pas, avec le théâtre et par le théâtre qu'il double. Ou alors vive l'Amérique, vive l'Asie, vivent les peuples neufs ou renouvelés par la mort apportant, avec la fraîcheur des océans et des prairies, la brutalité, la santé, la jeunesse, le risque, la liberté de l'action.

Le cinéma n'a rien de commun avec le théâtre, sauf ceci, qui est tout d'apparence, et de la plus extérieure et de la plus banale des apparences : c'est, comme le théâtre, mais aussi comme la danse, le jeu du stade, la procession, un spectacle collectif avec l'intermédiaire d'un acteur. Il est même moins près du théâtre que la danse ou le jeu ou la procession, en qui je n'aperçois qu'une sorte d'intermédiaire entre l'auteur et le public. Il présente en effet, entre le public et l'auteur, trois intermédiaires : l'acteur – disons le cinémime – l'appareil du photographe et le photographe lui-même. (Je ne parle pas de l'écran qui est un accessoire matériel, faisant partie de la salle, comme la scène du théâtre.) Cela, déjà, situe le cinéma plus loin du théâtre que la musique où existent également entre le compositeur et le public deux intermédiaires : l'instrumentiste et l'instrument. Enfin, et surtout, on n'y parle pas, ce qui ne peut passer, n'est-il pas vrai, pour un caractère essentiel du théâtre. Charlot, le plus grand cinémime, n'ouvre jamais la bouche et, remarquez-le, les meilleurs films se passent presque complètement de ces explications tout à fait intolérables qu'on prodigue sur l'écran.

Le drame entier s'y déroule dans un silence absolu, d'où non seulement la parole, mais le choc des pieds, la rumeur du vent et des foules, tous les murmures, tous les bruits de la nature sont absents. La pantomime ? Pas beaucoup plus de rapports. Dans la pantomime, comme dans le théâtre, la composition et la réalisation du rôle changent plus ou moins chaque soir, ce qui leur confère déjà, à l'un comme à l'autre, un caractère sentimental, voire impulsif. Au contraire, la composition du film est fixée une fois pour toutes et, une fois fixée, ne change plus, ce qui lui donne un caractère que les arts plastiques sont les seuls à posséder. Et puis la pantomime représente, par des gestes stylisés, les sentiments et les passions ramenés à leurs attitudes essentielles. C'est un art psychologique avant que d'être plastique. Le cinéma est plastique d'abord : il représente, en quelque sorte, une architecture en mouvement qui doit être en accord constant, en équilibre dynamiquement poursuivi avec le milieu et les paysages où elle s'élève et s'écroule. Les sentiments et les passions ne sont guère qu'un prétexte destiné à donner quelque suite, quelque vraisemblance à l'action.

Ne nous méprenons pas, si vous le voulez bien, sur le sens du mot « plastique ». Il évoque trop habituellement des formes dites sculpturales, immobiles, incolores, et qui mènent trop vite au canon académique, à l'héroïsme casqué, aux allégories en sucre, en zinc, en carton-pâte ou en saindoux. La plastique est l'art d'exprimer la forme au repos ou en mouvement, par tous les moyens au pouvoir de l'homme, ronde bosse, bas-relief, gravure sur paroi, ou sur cuivre, ou sur bois, ou sur pierre, dessin par tous les procédés, peinture, fresque, danse, et il ne me semble nullement audacieux d'affirmer que les mouvements rythmés d'un groupe de gymnastes, d'un défilé processionnel ou militaire, touchent de bien plus près à l'esprit de l'art plastique que les tableaux d'histoire de l'École de David. Comme la peinture d'ailleurs, et plus complètement que la peinture, puisqu'un rythme vivant et sa répétition dans la durée la caractérisent, la cinéplastique tend et tendra chaque jour davantage à se rapprocher de la musique. De la danse aussi. L'interpénétration, le croisement, l'association des mouvements et des cadences nous donnent déjà l'impression que les films les plus médiocres eux-mêmes se déroulent dans un espace musical.

Je me souviens des émotions inattendues que m'ont procurées, sept ou huit ans avant la guerre, certains films – français, ma foi ! – dont le scénario était, d'ailleurs, d'une incroyable niaiserie. La révélation de ce que pourra être le cinéma de l'avenir me vint un jour, j'en ai gardé le souvenir exact, de la commotion que j'éprouvai en constatant, dans un éclair, la magnificence que prenait le rapport d'un vêtement noir avec le mur gris d'une auberge. Dès cet instant, je ne prêtai plus d'attention au martyre de la pauvre femme condamnée, pour sauver son mari du déshonneur, à se livrer au banquier lubrique qui a auparavant assassiné sa mère et prostitué son enfant. Je découvris avec un émerveillement croissant que, grâce aux relations de tons qui transformaient pour moi le film en un système de valeurs échelonnées du blanc au noir et sans cesse mêlées, mouvantes, changeantes dans la surface et la profondeur de l'écran, j'assistais à une brusque animation, à une descente dans la foule de personnages que j'avais déjà vus, immobiles, sur les toiles de Greco, de Franz Hals, de Rembrandt, de Velasquez, de Vermeer, de Courbet, de Manet [1]. Je n'écris pas ces noms au hasard, les deux derniers surtout. Ce sont ceux que, d'abord, m'a suggérés le cinéma. Plus tard, les moyens de l'écran se perfectionnant de jour en jour et mon œil s'habituant à ces œuvres étranges, d'autres souvenirs s'associèrent à ceux-là jusqu'au jour où je n'eus plus besoin de faire appel à ma mémoire et d'invoquer des peintures familières pour justifier les impressions plastiques neuves que j'éprouvais au cinéma. Leurs éléments, leur complexité qui varie et s'enchevêtre dans un mouvement continu, l'imprévu constant imposé à l'œuvre par une composition mobile, sans cesse renouvelée, sans cesse rompue et refaite, évanouie, ressuscitée, écroulée, monumentale pour l'espace d'un éclair, impressionniste à la seconde suivante, constituent un phénomène trop radicalement nouveau pour qu'on puisse songer encore à leur propos à la peinture, ou à la sculpture, ou à la danse, et moins qu'à toute autre chose au théâtre d'aujourd'hui. C'est un art inconnu qui s'ouvre, et aussi éloigné, peut-être, de ce qu'il sera dans un siècle, que l'orchestre nègre formé d'un tam-tam, d'un sifflet et d'une corde sur une calebasse, l'est d'une symphonie composée et conduite par Beethoven. Je signalerai les ressources immenses qu'indépendamment du jeu des cinémimes on peut tirer et qu'on commence à tirer de

---

[1] Me sera-t-il permis, en passant, de formuler un vœu ? C'est qu'il soit interdit de fumer dans les salles de cinéma, comme il est interdit de parler dans les salles de concert. Au bout d'une heure, l'atmosphère étant saturée de fumée, les plus beaux films perdent leur transparence, leur qualité de tons et de rapports de tons.

leurs rapports multiples et incessamment modifiés avec le milieu, le paysage, le calme, la fureur, le caprice des éléments, des éclairages naturels ou artificiels, du jeu prodigieusement enchevêtré et nuancé des valeurs. Je signalerai l'extraordinaire puissance de révélation rythmique qu'on peut tirer des mouvements ralentis, ceux de ces chevaux au galop qui semblent de bronze rampant, de ces chiens courants dont les contractions musculaires rappellent les ondulations des reptiles, de ces oiseaux qui semblent danser dans l'espace avec les voiles de leurs ailes traînantes, dressées, repliées, déployées comme des drapeaux, de ces boxeurs qui paraissent nager, de ces danseurs, de ces patineurs qui tournent, statues en action, autour d'une harmonie sans cesse atteinte et sans cesse rompue dans la continuité logique de l'équilibre poursuivi. Je signalerai ces espaces nouveaux qui s'ouvrent, les monstres aériens passant lentement sur l'écran, la terre lointaine sous eux, fleuves, cités, forêts, fumées, et tournant tout entière autour d'un axe invisible pour livrer sous tous ses aspects, et d'ensemble, son visage splendide que l'abîme semble attirer... Je signalerai le profond univers de l'infini microscopique, et peut-être demain de l'infini télescopique, la danse inouïe des atomes et des étoiles, les ténèbres sous-marines qui commencent à s'éclairer... Je signalerai l'unité majestueuse des volumes en mouvement que tout cela accentue sans insistance, et comme en se jouant du problème grandiose que Masaccio, Vinci, Rembrandt n'ont pu résoudre tout à fait... Je n'en finirais plus. Shakespeare a été un embryon informe dans les ténèbres étroites de la matrice d'une commère de Stratford.

IV

Que le départ de cet art-là soit d'abord plastique, il ne semble par conséquent pas qu'on en puisse douter. À quelque forme d'expression encore à peine soupçonnée qu'il puisse nous conduire, c'est par des volumes, des arabesques, des gestes, des attitudes, des rapports, des associations, des contrastes, des passages de tons, tout cela animé, insensiblement modifié d'un fragment de seconde à l'autre, qu'il impressionnera notre sensibilité et agira sur notre intelligence par l'intermédiaire de nos yeux. Art, je dis bien, et non science. Art doublement, triplement même, car il y a conception, composition, création et transcription sur l'écran de la part de trois personnes, l'auteur, le metteur en scène, le photographe, et d'un groupe de personnes, les cinémimes. Il serait désirable, et possible, que l'auteur réalisât ses films lui-même, et mieux encore que l'un des cinémimes, puisqu'il ne peut être aussi son propre photographe, fût le compositeur et le metteur en scène de l'œuvre qu'il anime et souvent transfigure de son génie. Et c'est encore ce qui arrive pour certains cinémimes américains, l'admirable Charlot au premier rang. On discute pour savoir si l'auteur du scénario cinématographique – j'hésite à créer le mot cinéplaste – doit être un écrivain ou un peintre, le cinémime un mime ou un acteur. Charlot résout toutes ces questions-là : un art nouveau suppose un artiste nouveau.

Je me suis laissé dire qu'un critique littéraire a déploré, dans un article, que le théâtre fût sacrifié au cinéma et confondu Charlot et Rigadin dans la même réprobation. Cela ne signifie certes pas que ce critique soit, quand il ne sort pas de la littérature, inférieur à sa tâche. Cela signifie seulement qu'il ne connaît ni la valeur artistique du cinéma, ni la différence de qualité qui existe nécessairement du cinéma au théâtre et d'un film à un autre film. Car il y a, ne lui en déplaise, entre Charlot et Rigadin, une distance égale, sinon supérieure, à celle qui sépare William Shakespeare d'Edmond Rostand. Je n'écris pas le nom de Shakespeare au hasard. Il répond parfaitement à l'impression d'ivresse divine que, dans *Une idylle aux champs*, par exemple, Charlot me fait éprouver, à cet art prodigieux de profondeur mélancolique et de fantaisie mêlées qui court, grandit, décroît, repart comme une flamme portant, à chaque cime sinueuse qu'elle promène en ondoyant, l'essence même de la vie spirituelle du monde, cette mystérieuse lueur à la faveur de qui nous entrevoyons que notre rire est une conquête sur notre impitoyable clairvoyance, que notre joie est le sentiment d'une éternité certaine imposée par nous au néant, et qu'un farfadet, un lutin, un gnome qui danse dans un paysage de Corot où le privilège de rêver précipite celui qui souffre, porte Dieu même dans son cœur.

Il faut, n'est-il pas vrai, en prendre notre parti : Charlot nous vient d'Amérique, et il est seulement le plus authentique génie d'une école qui nous apparaît de plus en plus comme la première, et de loin, de la cinéplastique. Je me suis laissé dire que les Américains goûtaient fort le film français, qui représente la morale, belle chose, je le veux bien, mais sans rapport aucun avec l'action en mouvement où l'art cinématographique puise son prétexte essentiel. Le film français, en effet, est résolument idéaliste. Il représente quelque chose comme la peinture d'Ary Scheffer, alors que Delacroix luttait [1]. Que les Américains le goûtent, cela ne m'a point ébranlé dans mes certitudes actuelles. Le film français n'est qu'une forme bâtarde d'un théâtre dégénéré, paraissant voué de la sorte, s'il ne réagit pas, à la misère ou à la mort, et le film américain est un art nouveau, plein de perspectives immenses, promis à un grand avenir. J'imagine que le goût des Américains pour la marchandise avariée que nous exportons chez eux vient de l'attirance bien connue qu'exercent, sur tous les primitifs, les formes d'art en décomposition. Car les Américains sont des primitifs, et en même temps des barbares, ce qui fait la force et la vie qu'ils infusent au cinéma. C'est chez eux qu'il devait prendre, et je le pense, qu'il prendra de plus en plus sa pleine signification de drame plastique en action que son propre mouvement précipite dans la durée où il entraîne avec lui son espace, son propre espace, celui qui le situe, l'équilibre, lui donne sa valeur sociale et psychologique pour nous. Il est naturel qu'un art neuf choisisse, pour se manifester aux hommes, un peuple neuf, et un peuple qui n'avait, jusqu'ici, aucun art vraiment personnel. Surtout quand ce peuple introduit dans toutes les circonstances de sa vie un appareil mécanique de plus en plus compliqué et de plus en plus entraîné à produire, à associer, à précipiter les mouvements. Surtout quand cet art ne peut se passer d'un outillage scientifique minutieux et sans traditions et quand l'outil scientifique est un organe pour ainsi dire inné, physiologiquement lié à la race qui l'emploie.

La cinéplastique, en effet, offre une particularité singulière que la musique seule, et à un degré bien moindre, a présentée jusqu'ici. Bien loin que, pour la cinéplastique, ce soit, comme pour les autres arts, le sentiment des artistes qui aura créé leur art, c'est l'art, ici, qui créera et qui a déjà créé ses artistes. Nous savons que la grande symphonie a été engendrée peu à peu par le nombre et la complexité croissante des instruments de musique. Mais ici, c'est encore mieux, puisque, avant l'instrument monocorde, un homme déjà chantait en battant des pieds et des mains. Ici, ce fut d'abord une science, rien qu'une science. Il a fallu l'imagination grandiose de

---

[1] Il y a eu en France, au moment où ces lignes étaient écrites, et surtout depuis, des efforts intéressants dans le sens du cinéma même, ceux de M. Marcel Lherbier, de M. Krauss, de M. L. Delluc en particulier.

l'homme pour y introduire, par une infiltration d'abord timide, suivie d'un envahissement progressif qui fait éclater tous les cadres, son pouvoir d'organiser les faits selon l'idée qui lui est propre, afin de transformer les objets épars qui l'entourent en un édifice cohérent où il cherche l'illusion féconde et toujours renouvelée que son destin se déroule conformément à son vouloir. De là ces nouveaux poèmes plastiques qui nous transportent, en trois secondes, des bords boisés d'un fleuve que traversent des éléphants dans un long sillage d'écume, au cœur de montagnes farouches où de lointains cavaliers se poursuivent dans la fumée des coups de feu, et de tavernes sinistres où des ombres puissantes, dans de mystérieuses lueurs, se penchent autour d'une agonie, au glauque demi-jour des eaux sous-marines où des poissons circulent dans des grottes de corail. En effet, et ceci aux moments les plus inattendus, et dans les films comiques aussi bien que dans les autres, des animaux participent au drame, et aussi des nouveau-nés, et non seulement par leurs services, mais par leurs jeux, par leurs joies, par leur déception, par leurs obscurs drames d'instinct, ce que le théâtre, il me semble, est bien incapable de nous montrer. Et des paysages charmants, ou tragiques, ou prodigieux, entrent dans la symphonie mouvante pour accroître son sens humain ou bien y introduire, à la manière d'un ciel d'orage chez Delacroix ou d'une mer d'argent chez Véronèse, son sens surnaturel. J'ai dit pourquoi les Américains avaient compris le plus exactement, et d'instinct, à coup sûr, le sens où ils devaient pousser leur imagination visuelle en se laissant guider par leur amour même pour l'espace, le mouvement et l'action. Il suffirait que les Italiens renaquissent tout à fait à la grande vie conquérante et perdissent la mémoire de leurs œuvres classiques, pour trouver dans leur génie de l'attitude et du décor – grâce en partie à leur admirable lumière dont celle du Texas et du Colorado semble parente – les éléments d'une autre école originale, moins violente, moins sobre aussi, mais présentant des qualités de composition mieux conduites peut-être que celle des Américains. Les Italiens représentent à merveille la foule, le drame historique dans les décors immobiles des palais, des jardins, des ruines où la vie ardente qui leur est propre continue, avec ce privilège de ne jamais y paraître anachronique ou déplacée. Foule, drame gesticulants, soit, mais dont les gestes sont justes. On a dit théâtral le geste italien. Non. Car il est sincère. Les personnages de Giotto ne jouent pas la comédie. Et si les Bolonais la jouent, c'est précisément qu'ils ne représentent plus le réel génie italien. Rembrandt jusqu'à quarante-cinq ans, Rubens sont bien plus théâtraux que tous les maîtres italiens jusqu'aux peintres de Bologne... L'énergie italienne seule rendra l'école italienne capable de maintenir, à côté d'un art neuf où les Américains excellent, le génie plastique de l'Europe dans la genèse d'une forme qu'attend un grand avenir [1].

En tout cas, la conquête capitale de la conception américaine de la cinéplastique dont l'italienne se rapproche le plus – et la française, hélas ! le moins – me semble consister en ceci le sujet n'est rien, qu'un prétexte. La trame sentimentale ne doit être que le squelette de l'organisme autonome représenté par le film. Il faut qu'elle serpente dans la durée sous le drame plastique comme une arabesque circule dans l'espace pour ordonner un tableau. Il est bien évident que ce drame risquera d'être d'autant plus émouvant que l'arabesque morale et psychologique qu'il recouvre sera plus fortement, plus sobrement, plus logiquement conduite. Mais c'est bien tout. Son expression, ses effets restent du domaine plastique et sans doute aussi musical. Et la trame sentimentale n'est là que pour révéler et accroître leur valeur.

---

[1] Les Suédois, ces années dernières, ont réalisé des essais intéressants, bien qu'un peu trop pittoresques à mon goût. L'Allemagne, avec « Le Docteur Caligari », entre dans un domaine inexploré, et peut-être très fertile. L'Italie, au contraire, semble en régression.

V

Oserai-je rêver, pour un avenir encore lointain sans doute, la disparition, ou du moins la spécialisation du cinémime, et la domination absolue du cinéplaste sur le drame formel précipité dans le temps ? Remarquez d'abord une chose immense, qu'on n'a pas assez vue, je pense, ou du moins dont les conséquences poétiques n'ont pas été assez mises en valeur.

Le cinéma incorpore le temps à l'espace. Mieux. Le temps, par lui, devient réellement une dimension de l'espace. Nous pourrons voir, mille ans après qu'elle aura jailli de la route sous le galop d'un cheval, une poussière se lever, se déployer, se dissiper, la fumée d'une cigarette se condenser puis rentrer dans l'éther, et cela dans un cadre d'espace que nous aurons sous les yeux. Nous pourrons comprendre pourquoi les habitants d'une étoile lointaine, s'ils peuvent voir sur terre avec de puissants télescopes, sont réellement les contemporains de Jésus, puisqu'ils assistent, au moment où j'écris ces lignes, à sa mise en croix dont ils prennent, peut-être, des épreuves photographiques ou même cinématographiques, la lumière qui nous éclaire mettant dix-neuf ou vingt siècles à parvenir jusqu'à eux. Nous pouvons imaginer même, et cela risque de modifier plus sensiblement encore notre idée de la durée, que nous verrons un jour ce film, soit qu'on nous l'expédie dans un projectile quelconque, soit qu'un système de projection interplanétaire le renvoie sur nos écrans. Ceci, qui n'est pas scientifiquement impossible, nous rendrait contemporains d'événements qui se seraient passés, dix ou cent siècles avant nous, dans l'espace même où nous vivons. Nous avons déjà fait du temps un organe qui joue son rôle dans l'organisme spatial même, déroulant sous nos yeux ses volumes successifs ramenés sans cesse pour nous aux dimensions qui nous permettent d'en embrasser l'étendue en surface et en profondeur. Et déjà nous y trouvons des voluptés plastiques inconnues. Arrêtez en un cliché inerte, à un moment quelconque, le plus beau film que vous sachiez, vous n'obtiendrez pas même un souvenir de l'émotion qu'il vous aura donnée. Le temps nous devient nécessaire. Il fait de plus en plus partie de l'idée de jour en jour plus dynamique que nous nous faisons de l'objet. Nous en jouons à notre guise. Nous pouvons le précipiter. Nous pouvons le ralentir. Nous pouvons le supprimer. Je le sens bien, moi qui vous parle, comme faisant partie de moi, comme enfermé vivant, avec l'espace même qu'il mesure et qui le mesure, entre les parois de mon cerveau. Homère est mon contemporain, comme ma lampe est sur ma table devant moi, puisque Homère a participé et participe à l'élaboration de l'image sous qui ma lampe m'apparaît. La notion de la durée entrant comme élément constitutif dans la notion de l'espace, nous imaginerons facilement un art cinéplastique épanoui qui ne soit plus qu'une architecture idéale et d'où le cinémime, je le répète, disparaîtra, parce qu'un grand artiste pourra bâtir seul des édifices se constituant et s'effondrant et se reconstituant sans cesse par insensibles passages de tons et de modelés qui seront eux-mêmes architecture à tout instant de la durée, sans que nous puissions saisir le millième de seconde où s'opère la transition.

Je me souviens d'avoir assisté, dans la nature même, à quelque chose d'analogue. J'ai vu en 1906, à Naples, la grande éruption du Vésuve. Le panache de 2000 mètres qui surmontait la bouche du volcan était sphérique, découpé sur le ciel, séparé nettement de lui. À son intérieur même, d'énormes volumes de cendre se formaient et se déformaient sans cesse, qui tous participaient à modeler la grande sphère et produisaient à sa surface une ondulation sans cesse mouvante et variable mais maintenue, comme par une attraction centrale, dans la masse dont rien ne semblait altérer la forme ni les dimensions. Dans un éclair, j'ai cru y saisir la loi de la naissance des planètes retenues autour du noyau solaire par la gravitation. J'ai cru y voir un symbole formel de cet art grandiose dont nous apercevons le germe et que nous réserve sans doute l'avenir : une grande construction mouvante qui renaît sans cesse d'elle-même sous nos yeux de par ses seules puissances internes et que l'immense variété des formes humaines, animales, végétales, inertes participent à bâtir, soit qu'une multitude s'y emploie, soit qu'un homme seul ait la puissance de la réaliser totalement.

Sur ce dernier point, je m'explique. Vous connaissez ces dessins animés, encore bien secs, bien maigres, bien raides, qu'on projette sur l'écran et qui sont, si vous le voulez bien, aux formes que j'imagine, ce que des graffiti tracés par un enfant à la craie sur un tableau noir, sont aux fresques de Tintoret ou aux toiles de Rembrandt. Supposez en effet trois ou quatre générations attelées au problème d'animer en profondeur, non par les surfaces et les lignes, mais par les épaisseurs et les volumes ces images, de modeler, par les valeurs et les demi-teintes, une série de mouvements successifs qu'un long entraînement ferait entrer peu à peu dans l'habitude et jusque dans le réflexe au point que l'artiste parvienne à s'en servir à son gré, pour le drame ou l'idylle, ou la comédie, on l'épopée dans la lumière, l'ombre, la forêt, la ville, le désert. Supposez à un artiste ainsi armé le cœur de Delacroix, la puissance de réalisation de Rubens, la passion de Goya et la force de Michel-Ange : il vous jettera sur l'écran une tragédie cinéplastique tout entière sortie de lui, une sorte de symphonie visuelle aussi riche, aussi complexe, ouvrant, par sa précipitation dans le temps, des perspectives d'infini et d'absolu à la fois exaltantes par leur mystère et plus émouvantes par leur réalité sensible que les symphonies sonores du plus grand des musiciens.

Cela, c'est l'avenir lointain, que je crois, mais ne sais réalisable. En attendant le cinéplaste, encore dans l'ombre au second plan, il y a des cinémimes admirables, et, pour le moins, un cinémime de génie, qui nous promettent la réalisation possible du spectacle collectif que nous attendons et qui remplacera la danse sacrée morte, la tragédie philosophique morte, le mystère religieux mort, toutes les grandes choses mortes autour desquelles la multitude s'assemblait pour communier dans la joie que venait délivrer en elle le pessimisme, victorieux de lui-même, des poètes et des danseurs. Je ne suis pas prophète, je ne sais ce que sera devenue, dans cent ans, cette création admirable de l'imagination d'un être qui a le privilège, seul parmi les êtres vivants, de connaître que sa destinée est sans espoir et seul cependant de vivre et de penser comme s'il avait la puissance de s'annexer l'éternité. Mais il me semble que je vois déjà ce qu'elle peut prétendre à devenir très vite, si, au lieu de se laisser traîner par des procédés de théâtre le long d'une fiction sentimentale écœurante, elle sait se concentrer, par des procédés plastiques, autour d'une action sensuelle et passionnelle où nous puissions tous reconnaître notre personnelle vertu. Nous tentons de sortir, dans toutes les contrées du monde, d'une forme de civilisation devenue, par excès d'individualisme, impulsive et anarchique, pour entrer dans une forme de civilisation plastique, et destinée sans doute à substituer à des études analytiques d'états et de crises d'âmes, des poèmes synthétiques de masses et d'ensembles en action. J'imagine que l'architecture en sera l'expression principale, une architecture d'apparence d'ailleurs difficile à définir, peut-être la construction industrielle mobilière, navires, trains, automobiles, aéroplanes de qui des ports, des esplanades, des pontons flottants, des coupoles géantes seraient les havres et les relais. La cinéplastique, sans doute, en sera l'ornement spirituel le plus unanimement recherché, – le jeu social le plus utile au développement, dans les foules, du besoin de confiance, d'harmonie, de cohésion.

(De la Cinéplastique, *in L'Arbre d'éden*, Crès, 1922).

FIN DU TEXTE